WALD

Gedichte & Objekte

AF190170

WALD

Gedichte & Objekte

Thomas Stemmer & Edith Wittich

Eine Auswahl von

28 Waldgedichten aus

NOMEN NOMINANDUM

von Thomas Stemmer

&

26 Waldobjekte

von Edith Wittich

Waldgedicht № 7

In den Wald zu gehen, sagt man,
Nicht *auf* den Wald und auch nicht
Hinter ihn.
Dabei sind die Manipulationen
An den Präpositionen
Leicht schon durchzuführen.
Erster Kurs, nicht schwer:
Sabotage für Anfänger.

Waldgedicht № 21

Was knistert im Wald?
Angst, ach, Angst!
Und hört's zu knistern auf?
Dann schließe ich die Äuglein zu.

Waldgedicht № 27

Beim Verlassen des Verließes
Türe bitte schließen:
Sonst führt Fluchtbewegtes
Nicht sehr weit.
Hinaus, den Schlüssel fort
Und weggeworfen in den
Waldvergorenen Stinketeich:
Auf daß der Schlüssel roste,
Auf daß der Schlüssel korrodiere,
Explodiere, erodiere!

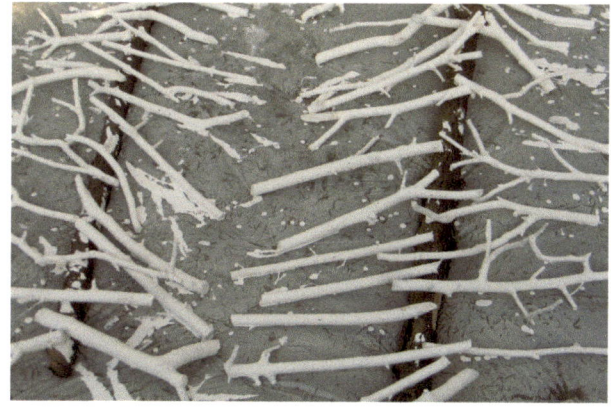

Waldgedicht № 29

Oh, da kommt ein Dinosaurier!
Oder hat man sich vielleicht getäuscht?
Gab's so viel vom Saurier seinerzeit,
Dann ist vielleicht
Die ganze Waldeserde
Nichts als altes
Saurier-Moder-Fleisch.
Fleischverfall, auf den die Vögel
Aus Gefiederplunder
Fallen lassen streng Verdautes.

Waldgedicht № 30

Am Waldrand
Des Hungers sogleich
Baumwärts gebirnapfelt.
Zappelten am Strauch
Die Beeren dann,
Wann wird besser
Das Hungerleid?
Heiter vom Knochen fällt
Das dünne Fleisch.
Fehlt fleischig Diagnosenwert:
VERGAMMELT NEIN.

Waldgedicht № 31

Leicht getäuscht:
Nicht Regen ist es,
Waldesgeister nur,
Die flüsternd wispernd
Durch das Unterholz
Sich jagen.
Die Zwerge aber
Haben telephonisch Kabel
Sorgfältig verlegt,
Bestrebt, den Wert
Von Silber zu erträumen.

Waldgedicht № 32

Müde im Gerangel,
Hand zu Mund,
Kundig Finger
Schließen rund,
Nicht einzuatmen
Von den Typen
Atemstink.
Glotzen dumm,
Und doch ist einerlei,
Daß Glotzen
Immer weitergeht.
Lauf, lauf, zum Rand
Von Stadt- und Häuserbau,
Zum Wald,
Zum Waldeseck,
Zum böse grinsend
Waldversteck.

Waldgedicht № 33

Von den Verwüstungen her zu urteilen,
Zu Teilen doch recht beachtlich.
Hier ein Baum geknickt und dort
Einer wenigstens verbogen.
Was bleibt, als all dies
Aufzuschreiben, einzuverleiben
Dem bleibenden nächtlichen
Schrei: RUHE!!!

Waldgedicht № 35

Und den Wackelpfaden nachgestiegen,
Rutschig Fuß, und aufzufangen wundersam
Und eingefangen, Wunderwerk und
Nicht gewußt, gemußt zu Außenrändern,
Wo nur Abgrund schmort: Dort! Fort!
Nicht verweht vom Wortsinn her
Die Ausflucht in die Gassen:
Wo der Einstieg, unterirdisch aufgewühlt
Und unumwunden wild und schreiend,
Bis der Atem pfeifend geht,
Dann doch gelingen kann.
Und einmal, zweimal Ruhe wie von selbst
Sich einwebt in den Tag.
Sag: Ist das nicht schön?
Kann es so nicht weitergehen?
Da splittert jeder Baum,
Ein jeder Ast wird asteslastig,
Geht dem Boden zu
Und fingergleich, der deutet,
Zeigt Erbeutetes zum Beuteltier,
Das hier schon lange nicht mehr lebt.

Waldgedicht № 39

Essenshungrig abgenagt
Und knochig eingescharrt:
Jetzt stumm.
Ach, wie gerne würd´ich singen!
Hätt' mich doch der Knochen nicht
So knochenstreng
Vom Singen abgebracht!

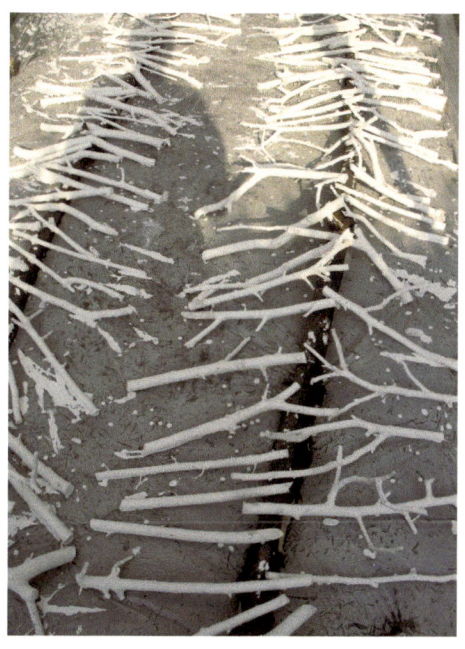

Waldgedicht № 42

Schnellwachsendes Geflecht.
So flügellahm der Waldbegeher
Dagegen.
Ob das noch gut wird
Alles dennoch-trotz?
Oder geht im Wald
Beflügelt das Geflecht
Ein wenig zögerlich
Und gar nicht schnell?
Und könnte der im Wald
Dann doch im Gehen lahmen?

Fragen über Fragen!

Waldgedicht № 44

Aufwendig der Einschlag schon
Zur Regenwendung: Sonne weg.
(Dampfend, dämpfend straßenscheu
Als Kind, das schreit und herzlichst
Zäh den Spielzeuggeist beschützt
Vor Regen, ja, und auch vor Nässe,
Die im Abwind bösen Hauch
Verlauten läßt, der schimmelt, fault)
Doch auch ein wenig Hoffnung glitzert
Aus den Büschen drüben: Beeren!
Gilt es, einmal, zweimal nicht
Verhungern oder Faulen jämmerlich,
Dann hört der Regen auf und
Dreimal, viermal werden Tage
Schillernd eifrig abgezählt,
Schon Rillen ziehend
Von geheimer Schrift.

Waldgedicht № 45

Muschelgeld verhandelt,
Goldgleich eingetauscht,
Und ausgescharrt, zur rechten Zeit,
Entscharrt dem Waldesboden.
War Meer vielleicht vor langer Zeit?
War auch Jahrtausendfäulnis voll
Von Lohn des Muschelgelds?
Nur Bäume aus dem Muschelwald
Verbleiben noch dort oben
Vogelig im Wolkensaum,
Nur daß sie unten dann,
Am Wurzelwerk und im Verfaulten
Krallen wachsen lassen wollen,
Pilze treibend letztlich
In das Pilzgericht.

Wir geben Sahne hinzu.

Die ist der Kuh entnommen.

Würzen, salzen und geknoblaucht,
Zwiebeln das Gewächs
Vom Schimmelboden.
Garnieren dann mit Semmelknödeln.

Was so ein Pilzgericht
Wohl letztlich kostet,
Fragen ängstlich wir,
Denn wertvoll ist es allemal.
So sind wir dann entsetzt,
Wenn einer kommt
und es mit Muschelgeld
Bezahlen will!

Ein Fall für die Kulturgeschicht'
Und auch Ethnologie.

Waldgedicht № 46

Gerüchteweise:
Abgebrannt.
Gerüchtewiese:
Später aschenhaft.
Der erste Baum sodann:
Ein Wagnis, schattenspendend,
Ausgewildert schon das erste Tier.

Waldgedicht № 47

Daß kein Ruf zu hören war?
(Den ganzen ranzigen
Verwanzten Nachmittag
Darauf gewartet)
Die Ohren waren mir
Darüber scharf geraten,
So daß ich draußen,
Vor der Stadt
Und zwischen Bäumen
Mäuse kratzen hörte.

Auch Katzen kratzen:
Nach den Mäusen nämlich.

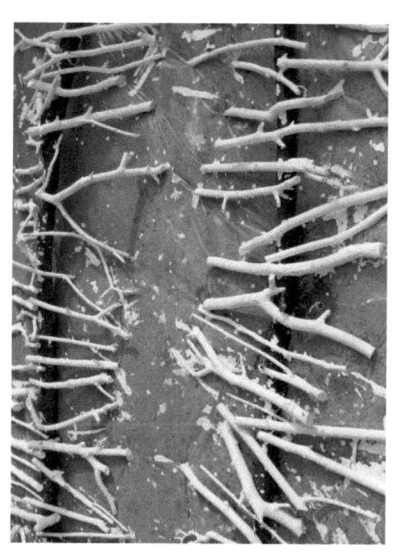

Waldgedicht № 48

»Ein Seitenpfad, von Akazienbäumen beschattet, / Im Dämmerlicht ein Teppich von grünem Moos, / Der Torhüter fegt zum Empfang hier nur, / Wenn er befürchtet, daß der Mönch vom Berge kommt.« (Wang Wei: Die Akazien-Promenade)

Stille eingewickelt
In den Tag.
So war es mir
Am allerliebsten.
Fingerklopfen nur
Am Tisch.
Schachteln voll von Briefen,
Schweigevoll mit Markenbunt
Beklebt.
Auch Blätterrascheln,
Tischholzunterlegt geheim
Dazu.
Ich hoffe nur,
Es bleibt dabei:
So still!
Daß nicht ein Trottel, aufgedunsener
Party-Fettwanst, wieder brüllen
Muß.

Waldgedicht № 52

Den Weg lang hin- und hergekeucht,
Verscheucht die bunten Vögel,
Die das Keuchen gar nicht mögen.
Zögen sie des Keuchens wegen
Fort von unseren Wegen,
Tät' es selbst dem Keucher leid.

Waldgedicht № 53

Wasgewendet kopfig: Denk!
Wohin gar nimmermehr!
Dann schon waldig Weggefahr:
Rutschen könnten Geher,
Kriecher, die, die rollen
Durch das Unterholz.

Holzgelichter, Geistersplitter,
Grau des Nachtwalds schaurig,
Schön und wundersam.
Steigt Dunst vom Waldteich
Mutig in den Pilzgeruch,
Dann ist's endlich wieder still.

Waldgedicht № 54

Froh bin ich, ach, froh,
Bin froh darüber-hinüber,
Daß der Wald nicht auch
Schon beheizt ist,
Daß er eben nicht,
(Nicht!) beheizt ist.
Daß er nicht beheizt ist:
Nicht beheizt!

Waldgedicht № 61

Waldesgeister haben mich nicht schlafen lassen,
Lachen wunderlich die ganze Nacht.
Und dann die Tiere erst, die wild geworden,
hordenartig um die Bäume schleichen!
Reichen diese Worte nicht?
Genügt denn nicht der Schaum vorm Mund?
Ist nichts auszurichten durch die Faust,
Die an die Bäume schlägt?
Elend ist's im Tal,
Und elend ist es mir dort droben
Auf dem graugesteinten Berg:
Was kam mir dort so sondersam?

Waldgedicht № 77

Eingenistet Worte gastlich,
Gäste vielmehr
(So vom Plural her)
Und schon gastlich eingerichtet
In dem Vestibül
Im Waldversteck.
Geister scharren,
Geister knarren
Im Gebälk.
Von alledem,
Was gestern war,
Blieb Schimmel übrig,
Moder, Ätzgeflecht.
Was sollen da nur
Eingeladene Gäste denken,
Wenn später dann am Abend
Aufgewölbte Himmel
Stürmisch werden
Und fort sie alle
Treiben spukhaft
Vom Versteck?

Ein jedes Wort
Ein Ungemach
Bisweilen!

Waldgedicht № 83

Es ist im Wald zu wenig von Kultur.
Grob lebt sich's zwischen Bäumen
Es ist im Wald nicht Unterstand:
Da fault ja jedes Manuscript!
Freilich: Ja! Ein Tier kann ich mir jagen
Und auch rösten so ein Tier:
Dann bin ich satt vom Tierfleisch
Aus dem Unterholz im dichten Wald.
Doch wo ist dann zu lernen
Sanskrit, Pali aus dem Buch heraus?
Oder sind die Wälder – sagen wir – im Grenzgebiet
Von Indien und Tibet höher kulturiert?
Oder ist es andrerseits so, daß Chinesen
Wald in Tibet kurz und klein geschlagen
Haben und ich dort sein werde
Wie ein rechter Depp, mein Sanskrit-Manuscript
Herzallertraurigst in der Hand?
Dann sage ich: In jedem Fall ist Devanagari,
Die Schrift des Sanskrit, nicht sehr schwer zu lernen
Und wenn ich etwas schlau bin,
Baue ich ein Waldversteck, das trocken bleibt,
Wenn draußen Unterholz gemodert
Und geschimmelt beiträgt zu dem Waldgestank.
Krank, das bin ich gerne mit dem Wörterbuch zur Hand,
Doch ohne so ein schlaues Werk ist alles dumm
Und krumm und kaum noch auszuhalten:
Auszuschalten wäre Feuchtigkeit.

Waldgedicht № 84

Vom Zug der Vögel weiß ich nichts.
Es mag um Pirouetten gehen,
Oder Zeichen am Himmel meinen
Geheime Vogelschrift.
Das könnte freilich sein.
Nirgends auch ein Wink,
Eine Spur, um letztlich,
Und das heißt,
Im letzten Augenblick,
Dennoch zu verstehen.

Waldgedicht № 88

Zeit könnte es nun werden,
Etwas Gutes zum Wald zu sagen.

Aus dem Wald, da kann man viel Luft heraus-
Und in sich hereinholen.
»Wald«, das ist ein mitunter recht schön
Anzusehendes Wort.
Im Wald, da sind Pilze darinnen: Es fehlt nur Sahne
Noch und Semmelknödel.
Und wie ein grünes Knödel sieht er dann auch aus
Von oben her, von einem kahlen Gipfel aus besehen.

Waldgedicht № 90

Sag´, hast du
Seinerzeit,
Als du den Wald
Verlassen hast,
Auch hinter dir zugesperrt?
Zweimal den Schlüssel
Im Schloß herumgedreht?
Wie ein Schlüsselderwisch,
Schlüsselyogi
Oder gar
Am Ende schon
Ein ausgefeilter,
Voll ausgewachsener
Schlüsselmystiker?

Waldgedicht № 91

Am Bäumerl
Ein Kirscherl
Auf der Lichtung.
Daneben gewesen
Ein Haus zuvor.
Kaputt: Das Haus
Ist jetzt kaputt,
Und nicht einmal die Ruine
Haben sie uns gelassen.
Wo doch die Ruine das Beste
Ist vom ganzen Haus,
Zumindest für ein
Romantiker-Herz,
Verfolgt von wilden
Herzinfarkt-Brigaden,
Das Beste dran am Herzen
Überhaupt und ganz und gar.

Aber das Kirschbäumerl,
Ja, das ist noch da,
So einsam auf der Waldeslichtung:
Ach, aber ach.

Jetzt muß ich
Das hinterhältig
Kaltgestellte Essen
Aufwärmen / hinaufwärmen
In die höchste Höh´:
Mit dem Kirscherl drin,
Mit dem kleinen Kirscherl
Drin versteckt:
Vom Bäumerl.

Waldgedicht № 98

Kribbelspinnentier im Krabbelunterholz,
Zerholzt ein Tag so allesamt recht waldesstreng
Und widrig sind die Geister, einfach viel zu feucht,
Recht leuchtendkäfrig schließlich abgegangen
Aus dem Wald, wo Tiere sich am Kragen packen,
Schütteln, beißen in den Tod hinein.
Und dennoch gibt's Romantiker im Wald:
Recht so! Weiter so! Wie, aufgegeben?
Nein, niemals, – mehr noch – nimmermehr,
Und nichts mehr da von: oder, aber, über.

Waldgedicht № 104

Fassen wir zusammen:

Der Ausgang aus dem Wald ist vielfach
Und der Eingang unbeschränkt.
Das Licht hat Mühe,
Trotzdem dringt es ein.
Klein verwuselt das Getier
Das Bild vom Wald
Und übrig bleibt
Der Platz, auf dem
Ein solcher Wald
Sich in den Boden
Eingekrallt
Recht widerspenstig zeigt.
Ein Augenblick von stillem Schweigen
Wäre durchaus angebracht.
Verspechtet klopft Gefieder
Morsezeichen und der Code
Ist niemals klar.

Foto: Olga Belén Stemmer

Thomas Stemmer

Poet, Schriftsteller, Künstler, Orientalist kommt aus
Bayern, lebt jedoch in Lunéville/Frankreich:

*„Die hier präsentierten Waldgedichte sind ein Auszug
aus dem Script Nomen Nominandum. 108 Waldgedichte.
Während das gesamte Script unveröffentlicht ist, spuken so
manche Fragmente daraus verschiedentlich publiziert herum:
Wie Waldgeister eben."*

Foto: Ignatz Wittich

Edith Wittich

in Potsdam geboren, lebt in Birkenwerder bei Berlin.
Sie studierte Grafikdesign. In ihrer freien künstlerischen
Arbeit kommen verschiedene Materialien wie Papier,
Tetra Pak, blauer Plastikmüll, Draht, und Naturmaterialien
zum Einsatz. Collagen, Objekte und Installationen sind
hierbei ihre Ausdrucksformen.
www.edithwittich.de

FSC
www.fsc.org
MIX
Papier aus ver-
antwortungsvollen
Quellen
Paper from
responsible sources
FSC® C105338

Die Deutsche Nationalbibliothek verzeichnet diese Publikation
in der Deutschen Nationalbibliografiedetaillierte bibliografische Daten
sind im Internet über dnb.d-nb.de abrufbar.

2017 Thomas Stemmer Edith Wittich
Cover und Layout: Elinor Weise und Edith Wittich
Fotos der Objekte: Edith Wittich
Gesetzt in Baskerville
Herstellung und Verlag: BoD - Books on Demand, Norderstedt
ISBN 978-3-7460-4859-8